A SCOTS GOSPEL

A
SCOTS
GOSPEL

Jamie Stuart

SAINT
ANDREW
PRESS
EDINBURGH

First published in 1985 by
SAINT ANDREW PRESS
121 George Street, Edinburgh EH2 4YN

Reprinted 1986, 1989
Revised edition 1992
Reprinted 1994

ISBN 0 7152 0673 7

British Library Cataloguing in Publication Data
A catalogue record for this book
is available from the National Library.

ISBN 0-7152-0673-7

This book has been set in **Garamond**.

Cover painting 'Wandering Shadows' by Peter
Graham (1836-1921). This painting is used by
permission of the National Galleries of Scotland.
Cover design by Mark Blackadder.
Printed and **bound** by
Athenaeum Press Ltd, Newcastle upon Tyne.

CONTENTS

ACKNOWLEDGMENTS

In the preparation and editing of this book a colloquial and modern Scots has been aimed for, a form of Scots rooted in the traditions of the past and recorded in such eminent publications as *The New Testament in Scots,* translated by W L Lorimer (Southside); *Chambers Scots Dictionary* (W & R Chambers) and *The Concise Scots Dictionary* (Aberdeen University Press). These sources are acknowledged with gratitude.

Dedicated to
Her Majesty
Queen Elizabeth the Queen Mother
who is such an inspiration to all peoples
throughout the world
irrespective of their creed or colour.

INTRODUCTION

by Donald Alexander Smith

The history of Church and theatre in Scotland remains unwritten but, whatever developments lie in the future, one date has a sure and certain place in those annals: the opening of the Gateway Theatre in October 1946.

The Church of Scotland received the premises on Leith Walk (known variously as Pringle's Palace or the Broadway Cinema according to what point in its chequered history you recall) as an anonymous gift along with shops, flats and a billiard saloon. It was the recommendation of George Candlish, the young minister who became the first Director of the complex, that the auditorium be renovated and opened under the Church's management as a theatre and cinema.

To appreciate the leap of faith entailed by that decision requires an equally great leap in time to 1555 when the Scottish Church, soon to become a Reformed Protestant

Church, moved against the popular dramatic entertainments which were part and parcel of medieval church as well as civic life.

Legislation against the Robin Hood folk-plays began in 1555 and in 1575 the General Assembly of the Church of Scotland put an end to liturgical drama by banning 'clerk-plays or comedies based on the canonical scriptures.' The subsequent removal of the court to London in 1603 and the civil and religious strife of the eighteenth century effectively stifled the growth of an indigenous Scottish Drama.[1]

The natural Scots ear for dialogue and humour was surely channelled into poetry and later prose fiction, for Scottish literature revels in the colloquial and dramatic.

The same religious reformation introduced the English Bible to Scotland, so beginning the long process that turned the Scots vernacular into a spoken idiom rather than a written language; only in the twentieth century with the publication of proper dictionaries has Scots regained, in literature at least, something of its original status, and, in William Lorimer's superb translation, a New Testament to match King James' *Authorised Version*.

It was the eighteenth century before the theatre struggled back to life in Edinburgh despite the strictures of the city licensing laws. Intriguingly the Church of Scotland's present Arts Centre, the Netherbow, stands at the exact mid-point between Carrubbers Close—where Allan Ramsay opened his short-lived theatre in 1736—and the site of the Canongate Concert Hall (later Edinburgh's first Theatre Royal) where in 1756 John Home's historical tragedy 'Douglas' was performed. The play was a theatrical triumph, but it cost Home, the clergyman-turned-dramatist, his job.

The opening of the Gateway was an acknowledgment of the changed social climate in post-war Scotland and an impulse in its own right towards the continuing revival of the Scottish language and culture, begun in the 1930s by writers such as Hugh MacDiarmid, Neil Gunn and Lewis Grassic Gibbon.

Taken along with the development of the Glasgow Citizens Theatre, the astonishing growth of the Scottish Community Drama Association and the foundation of the Edinburgh International Festival, the Gateway's 21 years of active existence[2] are evidence not just of the renaissance in Scottish Theatre, but of a new alliance between Church and theatre which was sealed by the triumphant production of Sir David Lindsay's sixteenth century morality play 'Ane Satyre of the Thrie Estaits' at the Edinburgh Festival of 1948. Directed by Tyrone Guthrie and adapted by Robert Kemp, the Gateway's most prolific playwright, the play was performed in the Church of Scotland Assembly Hall by a distinguished Scottish cast which included the author of *A Scots Gospel.*

The Gateway achievement lives on in the work of many Scottish actors and actresses, but for the Church of Scotland its lasting legacy is a rationale, or working philosophy, for participation in the arts.[3] A balance has been achieved which affirms creativity and

human understanding but is unafraid
to talk about values. This concordat has
helped to fuel the growth of arts
associations and arts festivals through-
out Scotland; it sustains the Netherbow
Arts Centre, and goes some way to
explaining why a dramatisation of the
Gospel story in colloquial Scots should
be conceived by a Scots actor and
enjoyed by audiences in churches and
theatres alike.

Edinburgh 1985

(Revised for the 1992 edition)

1 *The Oxford Companion to the Theatre* (Oxford, 1985), p 745.

2 See *The Twelve Seasons of the Edinburgh Gateway Company* (Edinburgh, 1965).

3 See *Kirk and Theatre: Report of Special Committee set up to consider the function of the Gateway Theatre* (Edinburgh, 1961). This Report was approved by the General Assembly of the Church of Scotland in May 1961.

The
FORETELLIN *o* JOHN

In the days o Herod, King o Judea, thair wis a priest an his guid-wife, caa'd Zacharie an Elspeth, wha war guid folk. They had nae bairn, for Elspeth wis barren an they war baith weel up in years.

Noo it cam aboot ane day that Zacharie wis daein priestly service. It wis his lot for tae bring incense enterin intil the Temple o the Lord, while the thrang o folk war prayin oot-by. Suddent thair kythit tae him an Angel o the Lord, staunin on the richt-haun side o the altar.

Whan Zacharie saw him, he wis feart. But the Angel said tae him, 'Be-na feart Zacharie! Yer prayer has been heard an yer guid-wife Elspeth sall bear a son t'ye, an his name ye sall caa John. Baith ye an Elspeth, aye, an monie ithers, sall be blythe at his birth; he sall be michty afore the Lord an sall be fu o the Halie Speerit. He will turn roon monie o

Israel's sons tae the Lord thair God; an he sall gang afore him in the speerit an micht o Elijah, tae turn faithers' herts tae thair bairns, an the dour tae the wisdom o guid folk.'

Zacharie said tae the Angel, 'Hoo sall I ken this, for I am an auld man, an ma guid-wife is weel stricken in years?'

An answerin, quo the Angel tae him, 'I am Gabriel wha stauns afore God! I hae been sent tae speak tae ye an tae gie ye guid tidins. An noo listen! Ye sall be tongue-tackit till whitiver day thae things are dune, for that ye widna lippen on ma wurds whilk sall come tae pass in thair time.'

The folk war waitin on Zacharie an wunnerin whit cuid hae tagglit him so lang in the Temple. Whan he cam furth, he cuidna speak tae them, an they jaloosit he had seen a vision in the Temple. He gaed on makin signs tae them, but yit he cuidna speak.

Whan his days o service in the Temple war dune, Zacharie gaed awa

til his ain hoose an, efter thae days,
his guid-wife Elspeth tuik wi bairn,
an she widna be seen for five month.

The
FORETELLIN *o* JESUS

IN the saxt month efter thae
happenins, the Angel Gabriel wis
sent frae God til a toun o Galilee
caa'd Nazareth. He had a message
for a lassie thair wha wis trystit tae
a man caa'd Joseph, o the Hoose o
Dauvid; an the lassie's name wis
Mary.

The Angel said tae her, 'Joy be
wi ye, favoured ane. The Lord is wi
ye. Blissit be ye amang weemen.'

Mary wis frichtit at the say, an
wunnert whitiver sort o message
this micht be.

But the Angel said, 'Fear-na
Mary, for ye hae gotten favour wi
God. An tak tent tae me! Ye sall
conceive an bring furth a son, an
sall caa his name Jesus. He sall be

michty, an sall be caa'd the Son o the Maist Hie; an the Lord sall gie tae him the throne o his faither Dauvid. He sall reign ower the Hoose o Jaucob for iver; an o his Kingdom thair sall be nae end.'

Mary said tae the Angel, 'Hoo sall this be, syne a guid-man hae I nane?'

The Angel quo, 'The Halie Speerit sall come an the poo'er o the Maist Hie sall come doon ower ye; an yer bairn sall be caa'd the Son o God. An mair! Elspeth, wha is kin tae yersel, is wi bairn in her auld age; she wha wis caa'd barren.'

'Lo, I am the servan o the Lord,' said Mary. 'May it be wi me accordin tae thy Wurd.'

An the Angel gaed awa frae her.

MARY *veesits* ELSPETH

AN Mary rase up an gaed intil the Uplauns wi haste, intil a citie caa'd Judah. She enterit intil the hoose o

Zacharie an greetit Elspeth.

Than Elspeth spak loodly, 'Blissit are ye amang weemen, an blissit is the bairn ye sall bear. Wha am I that the mither o ma Lord suld come tae me? For behaud, whan the voice o yer greetin cam tae ma hearin, the wee bairn in ma wame leapt for joy. Blissit is she wha hasna misdootit o thae things brocht tae her frae the Lord.'

Mary bided wi Elspeth for aboot thrie month an syne gaed back til her ain hoose.

The BIRTH *o* JOHN *the* BAPTEEZER

THE time cam for Elspeth tae be brocht tae bed wi the bairn, an she gied birth tae a son. Whan her neebours an kin heard o God's kindness tae her, they rejoiced wi her. A week efter, whan it wis time tae name the bairn, the folk war aboot tae caa him Zacharie, efter the name o his faither. But his mither said, 'Nae, he sall be caa'd John.'

They said tae her, 'But nane o yer kin is caa'd by that name,' an they speired o his faither, 'Hoo wid ye hae him caa'd?' Zacharie gart them fess a writin-tablet an he pit doon, 'His name sall be John.' At aince, his mou wis unsteekit, his tongue lowsit, an he spak an praised God.

The neebours war sair frichtit an the news wis crackit ower the Uplauns o Judea. An aa wha heard it wunnert aboot it, sayin, 'Whit kind o bairn sall this be? For faith, the haun o the Lord wis apon him.'

The
BIRTH *o* JESUS

AN it cam tae pass in thae days, thair gaed oot a decree frae Caesar Augustus that aa the inhabiters o his dominions suld be registrate. This wis tae be made whan Cyrenius wis Governor o Syria; an aa war gaun tae be registrate, ilk ane til his ain toun.

Joseph as weel gaed up frae Galilee, oot o the toun o Nazareth, intil Judea, intil Dauvid's toun whilk is caa'd Bethlehem; for that he wis o the Hoose an stock o Dauvid. He gaed tae be registrate wi Mary, his betrothed wife, wha wis a mither-tae-be.

An so it wis that while they war thair, the day cam for her tae gie birth. An she brocht furth a son, her firsten-born, an she rowit him in swaddlin claes an beddit him in a manger, for that thair wisna room for them i' the inn.

The
ANGELS' SANG

NOO thair war, in the same launs, shepherds bidin in the fields an keepin gaird ower thair flocks by nicht. An see! an Angel o the Lord cam til them, an the glorie o the

Lord glintit roon aboot them.

They war sair feart, but the Angel said tae them, 'Be-na frichtit, for I bring ye guid tidins o muckle joy tae the hale warld. For thair is born tae ye this day in Dauvid's toun, a Saviour wha is the anointit Lord. An here is the sign for ye—ye sall find the bairn, rowit in swaddlin claes, liggin in a manger.'

An aa at aince thair wis wi the Angel a thrang o Hevin's host, praisin God an sayin, 'Glorie tae God in the heicht o Hevin, an on the erthe, peace, guid-will towards men!'

Whan the angels gaed awa frae them towards Hevin, the shepherds said ane tae anither, 'Lat us gang noo intil Bethlehem an see this thing that has come aboot, that the Lord has made kent tae us.'

An they gaed, makin haste, an fund Mary an Joseph thair wi the bairn, wha wis liggin in a manger. An whan the shepherds saw him, they gaed awa an telt abroad the wurds that war telt tae them anent this bairn.

Aa wha heard had grete wunner at the things telt tae them by the shepherds, but Mary keepit aa thae things, ponderin apon them in her hert. An the shepherds gaed back til thair fields, giein glorie tae God for aa they had seen an heard, e'en as it wis telt them.

The BAIRN is named

AN on the aucht day, whan the bairn wis tae be named, they caa'd him Jesus, whilk wis the name the Angel had telt Mary tae gie him.

The WYSS MEN frae the EAST

WHAN Jesus wis born at Bethlehem in Judea, in the days o King Herod, lo! wyss men cam frae the East til Jerusalem, speirin, 'Whaur is he wha is caa'd King o the Jews? For in the East we hae seen his stern an hae come tae wurship him.'

King Herod wis sair pitten-aboot whan he heard this, an aa Jerusalem alang wi him. Gaitherin aa the heid-priests an writers o the nation, Herod speired o them, 'Whaur is the Messiah tae be born?'

An quo they, 'In Bethlehem o Judea, for so it is written doon by the prophet—*An ye, Bethlehem, in the laun o Judah, are no the least amang Judah's princes! For oot o ye sall come furth a ruler wha sall herd ma people o Israel.*'

Herod than spak tae the wyss men in hidlins, an speired o them whit time the stern had come furth. He bid them gang til Bethlehem, sayin, 'Seek ye oot the bairn, an whan ye find him, bring me back wurd that I as weel may gang an wurship him.'

They set oot at the King's biddin an, lo, the stern whilk they saw in the East gaed on afore them till it stappit whaur the wee bairn wis.

At the sicht o the stern the wyss

men war fu o joy an, comin intil the hoose, they saw the bairn an his mither, Mary; an they lowtit doon in wurship. They apenit oot thair treisur an offerit him gifts—gowd, frankincense an myrrh.

Bein warnisht in a dreme no tae gang back til Herod, they gaed til thair ain laun by anither road.

Noo whan they had gane, tak tent!—an Angel o the Lord kythit tae Joseph in a dreme, sayin, 'Rise up, tak ye the bairn an his mither, an flee intil Egypt, an bide ye thair till I tell ye, for Herod seeks the bairn for tae kill him.'

So Joseph rase up an tuik the bairn an his mither by nicht, an they cam intil Egypt.

Whan Herod saw hoo the wyss men had joukit him, he wis michty wode, an he sent oot tae slay aa the man-bairns in Bethlehem an aa the countraside aboot, frae twa year auld doon. Than cam tae pass the say o Jeremiah the Prophet—*A voice wis heard in Ramah, greetin an murnin sair; Rachael greetin for her bairns, an*

*widna be comfortit for that they war
nae mair.*

The time cam whan Herod dee'd
an the Angel o the Lord kythit in a
dreme tae Joseph in Egypt, an said,
'Rise, tak the bairn an his mither, an
gang awa intil the laun o Israel; for
they wha socht the bairn's life are
nae mair.'

So Joseph set oot an tuik wi him
the bairn an its mither, an they cam
intil the laun o Israel. But whan it
wis telt him that Archelaus wis
King o Judea in the stead o Herod
his faither, Joseph wis afeart tae
gang thair. Hooiver, being warnisht
aince mair in a dreme, he gaed intil
the pairt o Galilee, an cam an dwalt
in the toun caa'd Nazareth. This cam
aboot tae fu'fil the wurds o the
prophet—*He will be caa'd a Nazarene.*

JESUS
at twal year auld

Noo it wis the practice o the
mither an faither o Jesus tae gang

ilka year til the Feast o the Passower. Whan Jesus wis twal year auld he made the traivel til Jerusalem alang wi them.

Supposin him tae be wi the ithers o the companie, they traivelt a hale day afore they socht him amang thair kith an kin; an whan they cuidna find him, they gaed back intil Jerusalem aince mair tae see efter him.

Efter thrie days they fund him in the Temple, sittin wi the teachers, baith hearin an speirin quastions at them; an aa that heard him war dumfoonert ayont aa things, at his ken an his say.

His parents as weel war astoondit tae see him thair, an his mither said tae him, 'Son why hae ye dune this tae us? See, yer faither an I hae luikit for ye wi sair herts.'

Jesus said back, 'Hoo is it that ye socht for me? Ken-na ye that I maun be in ma Faither's Hoose?'

But Joseph an Mary cuidna understaun the meanin o his wurds.

The faimilie gaed back til

Nazareth, an Jesus did thair biddin
in aa things.

But his mither gaithert up aa
thae happenins in her hert. An Jesus
grew up, baith in bodie an wisdom,
winnin the favour o God an o his
fellow men.

JOHN *the* BAPTEEZER

HERE is the blythe message o Jesus,
Son o God, e'en as it is pit doon by
Isaiah the Prophet—*Lo! I send oot
ma messenger afore yer face, wha sall
mak redd yer wey for His comin; the
sang o ane cryin oot in the muirs, Make
ye redd the wey o the Lord! 'Mak
straucht His fit-roads!'*

Syne kythit John, bapteezin in
the muirlauns an preachin repentance
bapteezment for the pitten-awa o
sins. An thair gaed oot til John aa
the countraside o Judea, an aa thae o
Jerusalem, an they war bapteezit o
him in the River Jordan, tellin oot
thair sins.

An John wis cleedit wi caumel
hair, an had a lether girth aboot
him; an he did eat o locusts an rock-
hinny. An quo he in his preachin,
'Ane sterker nor I comes efter me,
the whang o whase shoon I am-na
fit tae lowt doon an lowsen! I watter-
bapteeze ye, but he sall bapteeze ye
wi the Halie Speerit!'

JESUS *sair testit*

AN in thae days it cam aboot that
Jesus cam frae Nazareth i' Galilee
an wis bapteezit o John in the
Jordan.

An he, comin straucht frae the
watter, saw the Hevins apen up an
the Speerit, like a doo, comin doon
apon him.

A voice cam frae abune, sayin,
'Ye are the Beluvit, ma son; in ye I
delicht!'

An syne the Speerit led Jesus oot
intil the muirlauns, whaur he wis
for fortie days, tempit o Satan an in

the companie o wil' beasts. But
while he wis in the muirlauns, the
angels attendit him.

Makin FISHERS *o* MEN

AN efter John wis incarceratit, Jesus
cam intil Galilee giein oot the
blythe message o God, sayin, 'The
waitin-time is passit-by an the
Kingdom o God has come; turn ye
an lippen on the joyfu message!'

An gaun on by the loch o
Galilee, Jesus saw Simon an his
brither, Andra, castin aboot in the
loch, for they war fishermen.

An Jesus said tae them, 'Come ye
efter me an I sall mak ye fishers o
men.' An at aince, leavin thair nets,
they followit efter him.

An gaun on a wee, Jesus saw
Jeames, son o Zebedee, an John
his brither, in thair boat, pitten
thair nets in guid fettle. An he
caa'd them at aince. Leavin thair
faither in the boat wi the fee'd

men, they gaed efter Jesus.

An they cam intil Capernaum. Wi'oot delay, on the Sabbath, Jesus cam intil the Synagogue, an wis teachin. An the folk war aa dumfoonert at his teachin, for he spak as gin he had authoritie, an no like the scribes.

Noo thair wis in the Synagogue a man wi a foul speerit, an he cried oot, sayin, 'Whit hae we wi ye, thou Jesus o Nazareth? Hae ye come tae destroy us? I ken wha ye are—God's Halie Ane!'

Jesus forbad him, sayin, 'Haud yer peace an come oot o him!

An the foul speerit, screichin an cryin wi a lood voice, cam oot o him.

The folk war astoondit so that they coonselled amang thairsels, sayin, 'Whit is aa this? A new teachin? Like a King he commans e'en the foul speerits an they dae his biddin.' An the fame o Jesus gaed abroad at aince ower the hale countraside o Galilee.

An comin oot o the Synagogue

Jesus gaed til the hoose o Simon an Andra, wi Jeames an John. Noo Simon's guid-mither wis liggen wi a fever an they telt Jesus aboot her. He gaed ben, tuik her by the haun, helpit her up, an the fever gaed awa. Syne she meenistert onto thair needs.

An at eenin, in the gloamin, they brocht til Jesus aa that war ailin, an they that war pestit wi ill-speerits. The hale toun gaithert afore the door, an Jesus gart monie weel wha war ill wi aa diseases. An he cast oot monie demons; but he widna lat the demons speak, for they kent wha he wis.

In the mornin, lang afore the dawnin, Jesus rase an gaed oot intil a desert-bit, an wis thair prayin.

Simon an the lave o the folk followit efter, fund Jesus, an quo they tae him, 'Aa folk seek ye.'

An he said tae them, 'Lat us gang awa intil the neist toun, that I may preach thair as weel, for this is whit I cam oot tae dae.'

An he gaed intil the Synagogues

aa throw Galilee, preachin, an castin oot demons.

An thair cam til him a leper wha besocht Jesus, an he lowtit doon afore him, sayin, 'Gin aiblins ye wid, ye can mak me clean!'

Jesus, touched wi pitie, raxt oot his haun, touched the man, an quo he, 'I will. Be ye clean.'

An at aince the leprosie gaed frae him, an he wis hale an fere.

Jesus stourlie warnisht him, sayin, 'See that ye say nocht tae onie, but gang yer ain wey, shaw yersel tae the priest, an offer for yer makin-clean whit Moses his-sel pit doon, tae testifie tae them.'

But the man gaed oot an beguid tae say abroad the tale, so that Jesus cuidna gang intil onie toun, but stayed oot-by in desert-bits. But still they war comin til him frae aa-pairts.

MATTHEW *caa'd*

LATER, whan Jesus gaed furth, he
saw a tax-gaitherer caa'd Matthew,
sittin at the custom-hoose.

Jesus said tae him, 'Follow me,'
an forsakin aa, Matthew rase an
followit him.

Efterwards, Matthew held a
grete feast in his hoose for Jesus; an
a guid companie o tax-men an ithers
sat doon wi Jesus an his disciples.

The pharisees an teachers o the
law murmured aganis the disciples,
sayin, 'Hoo is it that ye aa eat an
drink wi collectors an reprobates?'

Jesus answert, sayin, 'The strang
an the weel have nae need o the
leech; it is the anes wha are ill. I
come-na tae win the guid, but the
sinners, tae repentance.'

Anent FASTIN

AINCE, whan the followers o John
an o the pharisees war fastin, they

cam til Jesus an speired o him, 'Hoo is it that John's disciples fast, but the disciples that ye hae dinna fast?'

Jesus answert, 'Can the freends o the bridegroom fast while the bridegroom is yit amang them? But the days will come whan the bridegroom is taen awa frae them; an than, in thae days, sall they fast.'

An he spak a parable tae them— 'Nae man pits a patch frae a new cloak on an auld ane. They widna match.

An nae man pits new wine intil auld wineskins; else the new wine wid rive the wineskins an be wastit, an the skins destroyed. New wine maun be teemed intil new wine-skins, an baith are than hained.'

Anent the SABBATH

IT happenit than that Jesus gaed throw cornfields on the Sabbath-day. His disciples, bein hungersome, beguid tae tak haud o the heids o corn, an tae eat them.

Whan the pharisees saw this, they said tae Jesus, 'See! yer disciples are daein whit is no permittit on the Sabbath!'

Jesus answert them, 'Did ye niver read whit Dauvid did whan he wis in sair need, an fu o hunger; he an his men alang wi him? Hoo he gaed intil the Hoose o God in the days o Abiathar, the Heid-Priest, an did eat the shew-breid whilk isna lawfu tae eat, for that it is for the priests alane; an he did gie it tae his men wha war wi him as weel.'

The pharisees than gaed oot an coonselled thegither hoo they micht kill Jesus, for that he had dune whit wis no permittit on the Sabbath-day.

But Jesus caa'd efter them, 'Ma Faither warks aye, an I as weel maun wark.'

This say made the Jews aa the mair redd tae kill Jesus; for that he hadna onlie braken the Sabbath, but mair, he had said that God wis his faither, thus makin his-sel equal-aqual wi God.

The TWAL CHOSEN

IT wis in thae days that Jesus gaed up intil a hill tae pray; an he wis aa the nicht in prayer wi God. An whan the dawnin cam, he cried his disciples tae him, an frae them he chusit twal wham he caa'd Apostles. He gied them the poo'er tae cast oot onclean speerits an tae hail aa mainner o sickness an diseases.

Thae war the names o the twal— Simon, wha wis caa'd Peter as weel; Andra, his brither; Jeames an John, the sons o Zebedee; Philip an Bartholomew; Tammas an Matthew; Jeames, the son o Alpheus; Thaddeus; Simon, the leal-hertit Jew; an Judas Iscariot, wha becam traitor.

AN Jesus, seein a thrang o folk wha cam aboot him, gaed on up intil the hill agin. An whan his disciples gaithert roon him, he taught the folk—

'Blythe are they wha ken thair need o God; for the Kingdom o Hevin is waitin for them.

'Blythe are they wha are sorrowfu; for they sall find comfort an peace.

'Blythe are the lowly an meek o the erthe; for they sall inherit the erthe.

'Blythe are they whase hunger an drowth are aa for haliness; for they sall be satisfyit.

'Blythe are the pitifu; for they sall win pitie thairsels.

'Blythe are the pure o hert; for thair een sall dwell apon God.

'Blythe are the peacemakers; for they sall be coontit as bairns o God.

'Blythe are the ill-treatit anes for the sake o guid; for they sall hae the Kingdom o God.

'Blythe sall ye be whan folk sall mis-caa ye, an persecute ye, an say things aganis ye fause, for ma sake. Be blythe an hae joy, for yer reward is grete in Hevin; for e'en so did they tae the prophets afore ye.

'The saut o the erthe ye are, but gin the saut has tint its tang, hoo's it tae be sautit? It is wi'oot use but tae be cast awa an tramplit under the feet o folk. Ye are the warld's licht; a toun biggit on a hill-tap is aye seen. Nae man wid licht a lamp an pit it neath a bowl; but he wid set it up, an it gies licht tae aa the hoose. Just so, lat yer licht gang abroad amang men, so that, seein yer guid warks, they may gie glorie tae God.

'Think-na I am come tae dae awa wi the law an the prophets. I am come-na tae dae awa, but tae bring tae pass. Ye ken hoo it wis spak tae the folk o auld—*Ye maunna kill; an wha dis kill is in daunger o the coort.* Weel, I say tae ye, whamiver is angry wi his brither, wi'oot cause, sall be in daunger o the coort. An gin ye curse yer brither, ye will be in daunger o the fire o Hell!

'So, gin ye bring yer offerin til the altar-bit, an thair bethink ye o a sairness o yer brither's mind anent ye, than pit doon yer gift fornent the offerin-stane, an gang awa. Firsten, be at ane wi yer brither an syne come back an offer yer gift.

'Mak up wi yer enemie while ye are on the hie-road wi him, so as he daurna gie ye ower tae the judge, an the judge tae the officer, an ye be cast intil jile. Faith, I say tae ye, ye'll bide till ye hae peyed the hindmaist pennie o yer fine.

'Ye hae heard it said lang syne, *Ye maunna commit adulterie*; but I say tae ye, whamiver sets his een on a wumman wi desire has commitit the sin wi her in his hert.

'It has been said, *An ee for an ee, an a tuith for a tuith!*—but I say tae ye no tae resist ill. Gin onie-ane sall deal ye a smite on the cheek, turn him the ither ane as weel.

'An gin onie man has a law-plea aganis ye, an taks awa yer sark, gie him yer cloak as weel. An gin an officer sall gart ye tae gang a mile wi him, than dae mair—gang *twa* miles wi him. Gie whan ye are speired tae gie; an frae him wha wid borrow, dinna turn awa.

'It has been said, *Ye sall luve yer neebour an hate yer fae*; but I say tae ye, luve yer fae, bliss the anes wha curse ye, an pray for them wha shamefully ill-treat ye.

'Ye maun try an be perfect, e'en as yer Faither in Hevin is perfect.

'Whan ye pray, be-na as the hypocrites; for weel they like tae pray in the Synagogues, an at the corners o the braid causeys, so as folk suld see them. Aye, I say, they hae gotten thair reward. Thairfore, whan ye pray, gang intil yer bower an, steekin yer door, pray tae yer Faither wha is in the secret place; an yer Faither, wha sees in the secret place, sall his ain sel reward ye.

'An in yer prayin, dinna rhyme things ower an ower, like the heathen-folk; for they trow, gin they speak eneuch, they sall be heard.

Come-na than tae be like them; for
yer Faither kens weel aa yer needs,
e'en afore ye speir o him. An so,
pray ye—

Faither o us aa, bidin abune,
Thy name be halie.
Let thy reign begin,
Thy Will be dune,
On the erthe, as it is in Hevin.

Gie us ilka day oor needfu fendin,
An forgie us aa oor ill-deeds,
E'en as we forgie thae wha dae us ill.
An lat us no be testit,
But sauf us frae the Ill-Ane:

For the croon is thine ain,
An the micht,
An the glorie;
For iver an iver, Amen.

'For gin ye be forgiein men o thair
fauts, yer Faither in Hevin will e'en
forgie ye; but gin ye are no forgiein
men o thair fauts, nae mair will yer
Faither forgie ye or yer ain fauts.
    'Dinna lay past gear for yersels

on the erthe whaur the moth an the rust can mak awa wi't, an whaur reivers can brek in an steal it; but lay ye past gear in Hevin whaur nae moth an nae rust can mak awa wi't, an whaur reivers canna brek in an tak ocht. For whaur yer treisur lies, e'en thair will be yer hert.

'The licht o the bodie is the ee— gin that yer een are leal, ye will hae licht for yer hale bodie; but gin yer een be ill, yer hale bodie bides in the mirk. Gin the verra licht ithin ye is gloom, hoo grete is the mirkness.

'Nae man can tak service wi twa maisters; for aither he will hate the ane an luve the ither, else he will haud-by the ane an care-na for the ither. Ye canna be in God's service an Mammon's as weel.

'Thairfore I say tae ye, be-na sair fashed wi care anent yer life; whit ye hae tae eat an whit ye hae tae drink. Nor yit for bodie; hoo ye are tae be cleedit. Isna the life mair nor mait, an the bodie mair nor cleedin? Luik ye tae the burds o the lift, for they naither saw nor reap, nor gaither

intil barns; an yit yer Hevinlie
Faither gies them fuid. Ye are wurth
mair nor the burds.

'Wha amang ye, wi grete worry,
cuid mak his-sel a span mair in
heicht? An why fret aboot cleedin?
Luik weel at the lilies o the field,
hoo they graw; they toil-na nor
spin, an yit I say that Solomon in aa
his glorie wisna cleedit like ane o
them. Noo than, gin God so cleeds
the girse whilk graws the day an is
cut doon in the morn, sall he no
much mair cleed *ye*, o ye o smaa
faith?

'Yer Hevinlie Faither kens weel
that ye need aa thae things, but seek
ye firsten o aa God's reign an aa
God's guidness, syne aa thae things
will come tae ye as weel. Tak nae
thocht anent the day tae come, for
the morn will luik efter itsel. Ilka
day has fash eneuch o its ain.

'Pass nae judgment an ye sall no
be judged; for wi yer ain meisur it
sall be meisurit oot tae ye. An why
suld ye craftilie spy oot the mote in
yer brither's ee, an think-na o the

plank in yer ain? Hypocrite! Oot wi
the plank frae yer ain ee firsten! An
than ye may hae guid sicht tae tak
the mote oot o yer brither's!

'Ask an ye sall get; seek an ye
sall find. Chap an the door sall be
unsteekit. An whitna man is amang
ye whan, gin his son asks him for
breid, wid gie him but a stane? Or
gin he asks for a fish, wid gie him a
serpent? Gin ye than, bein sinfu,
ken hoo tae be aye giein guid things
tae yer ain bairns, hoo muckle mair
sall yer Faither in Hevin gie guid
things tae thae wha asks o him?
Thairfore, aye treat ithers as ye wid
that men suld treat ye.

'Gang ye in at the narrow yett;
thair's aye muckle room tae gang
throw the yett that leads til Hell.
But narrow is the yett, an narrow
the road, whilk leads tae life; an few
thair be wha finds it.'

Whan Jesus had endit thae sayins,
the folk war astoondit at his teachin
for, no like thair ain teachers, he
spak as ane wha had authoritie.

A SODGER'S FAITH

JESUS gaed intil Capernaum aince mair, an a certane centurion's servan, wha wis thocht unco weel o by him, wis ill an like tae dee. The centurion, hearin aboot Jesus, sent til him elders o the Jews wha besocht him that he wid come an sauf his servin-man.

Whan they cam til Jesus, they besocht him, sayin, 'The centurion is wurdie, for he luves oor nation an has biggit us a Synagogue!'

Jesus stertit oot wi them, but no bein faur frae the hoose, the centurion sent freends, sayin, 'Lord, dinna fash yersel, for I am-na wurdie that ye suld come neath ma ruif. An so naither thocht I masel wurdie tae come til ye; but gie ye the comman an I ken ma servin-man sall be gart weel. For e'en I masel am ane wi authoritie, an hae neath me sodgers, an I say tae ane "*Gang!*" an he gangs, an tae anither "*Come!*" an he comes; an tae ma servan I say "*Dae this!*" an he dis it.'

Whan Jesus heard thae wurds, he had wunner at the centurion, an turnin tae the thrang wha followit him, said, 'I say t'ye, I hae fund nae gretir faith nor this. Nae, no in aa Israel.'

An they wha war sent noo gaed back til the hoose, an fund the servan in guid hail.

The WEEDOW'S SON

AN it cam tae pass that Jesus gaed intil a toun caa'd Nain, wi monie o his disciples wi him, an a grete thrang o folk. As they cam til the yett o the toun, they met wi a funeral. The deid man wis the onlie son o his mither, an she wis a weedow-wumman.

Whan the Lord saw her, he had unco pitie on her, an said tae her, 'Dinna greet.'

He cam an laid his haun on the coffin, an the bearers stappit. 'Laddie,' he said, 'I say onto thee, arise!'

The deid man sat up an beguid
tae speak. Jesus led him ower til his
mither.

An dreid fell upon them aa, an
they praised God, cryin oot, 'A
grete prophet has rase up amang
us!'—'God has veesitit his folk!'

'Are Ye the Ane?'

Meantime the disciples o John the
Bapteezer telt him aa that wis gaun
on. John sent twa o his disciples til
Jesus, sayin, 'Are ye the ane whilk
suld come, or are we tae luik for
anither ane?'

At that verra hour Jesus hailed
monie folk o thair diseases,
pestrations an ill-speerits; an onto
monie wha war blin, he gied sicht.

Than Jesus answert them—
'Gang yer wey an cairry wurd til
John o whit ye hae seen an heard:
hoo the blin win thair sicht an the
lame gang aboot, hoo lepers are gart
clean, the deif can hear, the deid are

risen, an the puir hae the joyfu
message preached tae them. Blissit
is the man wha sall hae faith in me!'

An Ill-doer's Sins
forgien

AN a certane ane o the pharisees bid
Jesus tae eat wi him; an gaun intil
the hoose o the pharisee, Jesus sat
doon tae mait. An see! a wumman o
the toun, wha wis an ill-doer, brocht
oot an alabaster box o ointment. An
staunin afore Jesus, she lowtit doon
an beguid tae wet his feet wi her
tears. An she dichtit the tears aff wi
her hair, an wis kissin his feet, an
anointin them wi the perfume.

Whan his host, the pharisee, saw
this, he spak tae his-sel, sayin, 'This
man, gin he wis a prophet, wid hae
takin tent wha an whitna sort this
wumman is, wha lays hauns on him;
that she is an ill-doer.'

Jesus, answerin Simon's thocht,
said, 'I hae ane thing tae say tae ye.'

'Maister, say on,' Simon answert.

Jesus said—'Thair wis a certane creditor wi twa debtors; the ane owed five-hunner merk, an the ither fiftie. An whan they had nocht tae pey wi, he forgied them baith. Whilk ane o them noo will luve him mair?'

Simon answert, 'I wid trow he tae wham he forgied the maist.'

'Ye hae judged richt,' quo Jesus. Syne turnin tae the wumman, he said tae Simon, 'See ye this wumman? I cam intil yer hooose, ye gied me nae watter for ma feet; but she wet ma feet wi her tears, an dichtit them wi her hair. Ye gied me nae kiss; but she kissed ma feet. Ye didna anoint ma heid; but she, wi perfume, anointit ma feet.

'Whaurfore, I say tae ye, her monie sins hae been forgien for she luvit much. But he tae wham little is forgien, luves but little.'

Jesus turned til the wumman an said tae her, 'Yer faith has sauvit ye. Gang in peace.'

Bringin the
GUID TIDINS

AN it cam tae pass that Jesus
traivelt throw monie touns an
villages, preachin an bringin the
guid tidins o the Kingdom o God.
The twal disciples gaed wi him,
alang wi certane weemen wha had
been hailed o foul speerits an
illnesses an sin—they war Mary,
caa'd Magdalene; Joan, guid-wife o
Chuza, Herod's steward; an
Suzanna; an monie ithers.

The SAWIN o the SEED

A grete thrang cam thegither, an
Jesus spak in a parable—
   'A sawer gaed oot tae saw his
seed; an as he sawed, some fell aside
the fit-road an wis tramplit doon,
an the burds o the lift gorbelt it aa
up. An some fell on the rock, an as
it cam up, it dwined awa for the

want o watter. Some fell amang the thrissels, an grawin up wi them, the thrissels smoorit the seeds. But some fell intil guid grun, an they grew.'

Jesus than cried oot, 'He wha has ears tae hear, lat him hear!'

Jesus' disciples than speired o him the meanin o the parable. An he quo, 'The seeds are the Wurd o God, an thae by the fit-road are the folk wha hear; syne comes the Deil an taks awa the Wurd frae thair herts, an they depairt frae the road whilk leads til salvation.

'Thae on the rock are thae wha walcome the Wurd wi joy; but they hae nae ruit. They trow for a wee, but in times o fash an trubill they dwine awa.

'An thae whilk fell amang the thrissels are thae wha hear; but as they gang on thair wey, they are smoorit wi the cares an wealth an pleisurs o life, an thus they bring nae fruit tae the ripenin.

'But the seeds that fell in guid grun are thae wha, wi leal hert, hear

the Wurd an grip it fast; an wha, wi
patience, bring thair fruit tae the
ripenin.'

Frae SMAA tae GRETE

AN Jesus said, 'Hoo sall we liken
the Kingdom o God, an hoo sall we
mak a picture o it? Like tae a seed o
the mustard whilk is the least o aa
the seeds, yit whan it is sawn, it
shoots up, an comes tae be gretir
than aa the plants, so that the burds
o the lift come tae nestle in the
shade o it.'

The MAN wi PARALEESES brocht til JESUS

AINCE mair, comin intil Caper-
naum, it wis reportit, 'He is neath a
ruif agin.' An a thrang o folk aa
gaithert thegither, so that thair wis
nae room, no e'en aboot the door.

But, e'en so, Jesus spak the Wurd tae them.

A man wis brocht furth, cairried by fower men. This man wis sufferin frae a stroke. No bein able tae fesh him in for the thrang, the fower men, wha war his freends, strippit the ruif whaur Jesus wis; an, brekin throw it, they lat doon the mattrass on whilk the man lay. When Jesus saw thair faith, quo he tae the man wi paraleeses, 'Son, yer sins are forgien ye.'

But a wheen o the scribes, sittin doon, speired, 'Hoo is it that this ane speaks so? He blasphemes! Wha but God alane can forgie sins?'

An at aince Jesus, takin tent in his ain speerit that they thocht thae things, said tae them, 'Why suld ye hae sic debatin in yer hearts? Whilk, think ye, is easier: tae say *Yer sins are forgien*; or tae say *Staun ye up an gang yer wey*? But that ye may ken the Son o Man has poo'er on the erthe tae forgie sins … ', he turned tae the man wha had the paraleeses an said, 'Arise, row up yer mattrass an gang yer wey til yer ain hoose!'

An the man rase up, grippit his mattrass an gaed oot afore aa the folk, so that the scribes war aside thairsels in wunner, an they glorified God, sayin, 'Niver hae we seen the like!'

Wi'oot HONOUR in his ain COUNTRA

SYNE it wis that Jesus cam intil Nazareth whaur he had been brocht up, an he gaed in, as he ayè did, til the Synagogue on the Sabbath, an stuid up tae read. He fund the passage in the buik o Isaiah whaur it wis pit doon—*The Speerit o the Lord is on me, for that he has anointit me tae preach guid tidins tae the puir. He has sent me tae tell oot freedom for presoners, tae gie sicht tae the blin, tae gie help tae the oppressit, an tae tell oot that the blissit day o the Lord has come.*

Closin the buik, he gied it aince mair tae the officer o the Synagogue.

Aa the een o the folk war apon him, an he beguid tae speak: 'This day is this writin come tae pass as ye listen tae it.'

The folk murmured amang thairsels, 'Isna this Joseph's son? Isna this the son o Mary? An so they rejeckit him.

An Jesus said tae them, 'Faith, I say t'ye, a prophet is wi'oot honour in his ain countra an amang his ain faimilie.'

Aa the people war fu o rage whan they heard thae things. They grippit Jesus, tuik him oot o the toun, an led him til the brow o the hill. They war aboot tae cast him doon heidlang whan he turned, walked amang thair midst, an gaed on his wey.

The STILLIN o the STORM

ANE day, whan the gloamin had come, Jesus said tae his disciples, 'Lat us gang ower til the ither side o the loch.' An so they gaed intil the boat an set the sail.

Suddent, whan they war on the loch, a grete tempest o wind cam up an the waves war jawin ower intil the boat, an it wis in daunger o gaun doon.

Jesus wis in the stern o the boat, sleepin, an they waukit him, cryin oot, 'Maister, dae ye care-na that we dee?'

An he rase an challenged the wind, an said tae the loch, 'Peace! be quate!' An the wind gaed doon an wis lown.

Jesus said tae them, 'Why suld ye be frichtit? Hae ye nae faith?'

But they war yit in unco dreid, an ane said tae the ither. 'Wha can this be that e'en the wind an the waves obey him?'

JAIRUS' DOCHTER

WHAN Jesus gaed back til the ither side o the loch, a grete thrang o folk gaithert aboot him. Noo, tak tent, thair kythit a man caa'd Jairus wha wis ruler o the Synagogue. He lowtit doon at Jesus' feet an socht o him tae come til his hoose. 'Ma dochter is at daith's door,' he cried. 'Gin thou wid but come an lay yer haunds ower her, she wid be sauvit, an she wid live.'

Jesus gaed wi him, an monie folk followit an thrangit him.

Amang them wis a wumman wha had suffert frae a rin o bluid for twal year. Whan she heard o the things aboot Jesus, she cam up frae ahint in the crood an touched the hem o his coat, kennin that she wid be hailed. The fountain o her bluid wis stemmed at aince, an she kent in herself that she wis deliverit frae that ill.

But Jesus, takin tent o the poo'er gaun oot frae him, turned aboot in the thrang an speired, 'Wha touched me?'

The disciples quo, 'Ye see the thrang pressin on ye an ye ask, *Wha touched me? Syne Jesus luikit weel roon tae see wha had dune this thing. An the wumman, trimmlin wi fear, kennin whit wis dune tae her, cam forrit an fell doon afore him, an telt him aa the trowth. Jesus said tae her, 'Dochter, yer faith has gart ye hale; gang in peace an be lowsit frae yer trubill.'

While he yit spak, thair cam a message frae the ruler o the Synagogue's hoose: 'Yer dochter has dee'd. Why suld ye fash the Maister onie mair?'

But at aince Jesus, owerhearin whit wis said, spak tae the messenger, 'Dinna be feart—onlie believe.'

As Jesus cam til the hoose, he fund a grete stramash, wi lood greetin an wailin. Jesus said tae them, 'Why gar ye aa this ado? The lassie isna deid. She is sleepin.'

They leuchit at him, so Jesus tuik the faither an mither intil the room whaur the bairn wis liggin. Takin her haun, he said tae her, *talitha cumi*, whilk means, 'Ma bairn, rise up.' At aince the lass,

wha wis onlie twal year auld, rase
up an walked.

JOHN *the* BAPTEEZER
beheidit

WHAN King Herod the Tetrarch wis
telt aa thae things aboot Jesus, he
said, 'John the Bapteezer has risen
frae the deid, thus it is that thae
poo'ers are at wark in him.' Ithers
said, 'It is Elijah', an yit ithers said,
'He is a prophet like ane o the auld
prophets.'

But Herod said tae his-sel, 'This
is John the Bapteezer, wham I
beheidit, come back tae life.' This
same Herod had cast John intil jile
for the sake o Herodias, wham he
mairried. For John had telt Herod,
'it isna alood for ye tae mairry the
guid-wife o yer brither.'

An so Herodias bore a grudge
aganis John, an wanted him felled.
But Herod wis in fear o John,

kennin him tae be a just an halie
man afore aa the folk.

Whan Herod, on his birth-day,
gied a feast for his nobles an
chieftains o Galilee, the dochter o
Herodias daunced afore them aa.
Herod wis so delichtit wi her that
he said tae the lassie, 'Demaun o me
whit ye will an I'll gie it ye. Whit-
iver ye demaun o me I'll gie ye, e'en
tae the hauf o ma Kingdom.'

The lassie gaed oot an said tae
her mither, 'Whit sall I speir o
him?'

An her mither quo, 'The heid o
John the Bapteezer.'

The lassie cam ben quickly til
the King an said, 'I will that ye gie
me the heid o John the Bapteezer on
a servet.'

The King wis loth, but because
he had gied his wurd afore aa his
guests, he widna say nae. Wi'oot
delay, the King sent oot ane o his
gairds an gied oot the order tae hae
John beheidit in jile. John's heid
wis than brocht til the lass on a
servet, an she gied it tae her mither.

Whan John's disciples heard o
this, they cam an tuik up John's
bodie an laid it intil a tomb.

JESUS
an the FIVE THOOSAN

THE apostles reportit aa thae
happenins tae Jesus, an they gaed
awa quately in the boat til a desert-
bit. But monie folk saw them gaun
aff, an ran, an war thair afore them.

Jesus cam oot o the boat an saw a
grete thrang an had pitie on them,
for they war as sheep in want o a
shepherd, an he beguid tae teach
them o monie things.

An whan the day wis near endit,
his disciples cam til him, an quo
they, 'This bit is desert an the
gloamin is comin on. Send the folk
awa that they micht gang til near-
by villages an get fuid.'

Jesus answert, '*Ye* gie them tae
eat!'

They quo, 'Sall we gang an buy

twa-hunner merks o breid an gie them *aa* fuid?'

'Hoo monie laifs hae ye?' speired Jesus o them. 'Gang an see!'

An whan they had fund oot, they telt him, 'Five, an twa fishes.'

Jesus than gied the order that aa suld sit doon, banquet-like, on the girse. He tuik the laifs an the fishes, luikit up tae Hevin, an said the blissin. Than he brak the laifs an gied them tae the disciples tae serve. An o the twa fishes, he gied mait oot tae aa the folk.

They aa did eat an war nae mair hungersome, an efterwards they gaithert up twal baskets o scraps o the breid an fish. An they wha did eat o the breid war aboot five thoosan men, an weemen an bairns as weel.

Gangin on the Loch

SYNE Jesus sent the folk awa an telt his disciples tae gang afore him in the boat til the ither side o the loch.

An whan the eenin cam, he gaed
by his-sel up intil a hill tae pray.
Meantime a storm rase up an the
boat wis tossit aboot by the waves.

Aboot thrie o'clock in the
mornin Jesus cam til them, gangin
on the watter. Whan the disciples
saw the figure gangin on the loch,
they war sair frichtit, sayin, 'It's a
ghaist!'—an they cried oot wi dreid.
An at aince Jesus spak tae them: 'Be
o guid hert! It is I! Dinna be feart.'

Peter answert, 'Lord, gin it be
ye, bid me tae come til ye on the
watter.'

Jesus said, 'Come!'—an whan
Peter got doon oot o the boat, he
traivelt on the watter tae gang til
Jesus.

But whan he felt the hale furie o
the wind, he wis grippit wi dreid,
an he beguid tae sink. He screiched
oot, 'Lord, *sauf me*!'

At aince, Jesus raxt oot his haun
an grippit Peter, sayin tae him, 'O
ye o sic smaa faith, why did ye fear?'

Whan the twa gaed intil the
boat, the wind wis lown. The men

in the boat lowtit doon at the feet o Jesus, cryin, 'Faith, ye *are* the Son o God.'

The FAITH
o SIMON PETER

WHAN Jesus cam intil the pairt o Caesarea Philippi, he speired at his disciples, 'Wha dae folk say that I am?'

An they answert, 'Some say John the Bapteezer; some say Elijah; an ithers say Jeremiah, or ane o the prophets.'

'An ye,' asked Jesus, 'wha say *ye* that I am?'

Simon Peter spak, 'Ye are the anointit ane, the Son o the Livin God!'

Jesus answert him, 'Simon, son o Jonah, ye are blissit, for nae man o the erthe shawed ye this; it wis ma Faither in Hevin.'

The
GUID SAMARITAN

ANE day a lawyer cam til Jesus, speirin, 'Maister, whit maun I dae tae inherit iverlastin life?'

Jesus said, 'Whit is pit doon in the law? Hoo read ye it?'

An the lawyer said, '*Ye sall luve the Lord yer God wi yer hale hert, an wi yer hale sowl, an wi yer hale poo'er, an yer hale mind; an yer neebour like yersel.*'

'Ye hae answert richt,' said Jesus. 'Dae ye as weel an ye will live.'

But the lawyer, yit fain tae pruive his-sel richt, speired at Jesus, 'An wha is ma neebour?'

Takin up his quastion, Jesus said—'Thair wis a man gaun doon frae Jerusalem til Jericho wha fell in wi reivers wha strippit him, yarkit him, an syne gaed thair wey, leavin him mair deid nor alive. An it cam aboot that a certane priest cam doon that gate an, castin his een ower the man, he gaed canny-by on the ither

52

side. In sic-like mainner a Levite as
weel, comin doon til the place, luikit
apon the man, than slippit by on
the far awa side.

'But a certane Samaritan gaun on
his traivel, cam ower til the man, an
whan he saw him, he wis fu o pitie.
He bund up the man's sairs an set
him on his ain beast, brocht him til
an inn, an saw efter his needs.

'On the neist day, takin oot twa
siller pieces, he gied them tae the
launlord, sayin, "Tak tent o him
weel, an gin ye spend mair, I will
pey ye back."

'Noo, I ask ye, whilk ane oot o
thae thrie, think ye, gart his-sel
neebour tae the man wha fell in wi
the reivers?'

The lawyer answert, 'The ane
wha shawed him pitie.'

Jesus said, 'Gang ye an dae the
like.'

Takin up the CROSS

FRAE that time on, Jesus beguid tae tell his disciples that he maun suffer monie things at the hauns o the elders an heid-priests an lawyers; an that he maun be pit tae daith, an that he maun be raised up tae life aince mair on the third day.

But Peter said, 'God forbid it Maister, this maun niver come tae pass!'

Jesus turned roon an said tae Peter, 'Get oot o ma sicht, Satan! Ye are but a hinnerance tae me, for ye seek-na the things o God, but the things o men!'

Than quo Jesus tae his disciples, 'Gin onie man wid follow me, lat him forget his-sel an tak up his cross an come wi me. For him wha wid sauf his life sall tine it; an him wha tines his life for ma sake will find it. Whit will a man gain, altho he win the hale warld an tine his ain sowl? Or whit sall a man gie in the stead onto his sowl? Faith, I say tae ye, thair are some staunin here wha

willna dee till they hae seen the Son
o Man comin intil his Kingdom.'

A FAITHER'S
WASTREL SON

'THAIR wis aince a man,' quo Jesus,
'wi twa sons. An the young son said
tae his faither, "Faither, gie me the
portion that wid faa tae me o aa yer
gear." So the faither haufed his estate
atween the twa brithers.

'An a wheen o days efter, the
young son gaithert aa his gear
thegither an gaed frae hame til a
far-awa laun; an thair he wastit his
gear in ryatous livin.

'Whan he had spent aa he had,
thair cam a michty famine in the
laun, an he beguid tae be in want.
So he gaed awa an wis trauchlit wi
wark tae ane o the men o that laun,
wha sent him oot-by tae herd swine.

'The young son wid fain hae
filled his wame wi the hools the
swine war gorbelin; but nae man

gied them tae him. Whan he cam tae his richt gumption, he said tae his-sel, "Think hoo monie o ma faither's fee'd servans hae rowth o breid, while I dee o hunger here. I will rise an gang til ma faither, an I will say tae him, 'Ma faither! I hae dune wrang aganis Hevin an afore ye; nae mair am I fit tae be caa'd yer son. Mak me like ane o the fee'd men.'" An he rase up an cam awa til his faither.

'While he wis yit far awa, his faither saw him an wis fu o pitie. Rinnin til him, he fell on his neck an beguid kissin him. An the son said tae him, "Ma faither, I did wrang aganis Hevin an afore ye. I am nae mair wurdie tae be caa'd yer son."

'But the faither said tae his servans, "Bring oot a robe, the firsten an the maist braw, an pit it on him; an gie him a ring for his haun an shoon for his feet. An bring oot the fatted cauf an fell it. Lat us eat an be blythe, for ma son wis deid an cam back tae life aince mair;

he has been tint an is fund."

'Noo the ither son wis in the field an as he cam nigh til the hoose, he heard the music an the jiggin. An cryin oot tae ane o the fee'd folk, he speired o him whit aa this micht mean. The man answert, "Yer brither has come back, an yer faither has felled the fatted cauf, for that he gat him hame sauf an soun."

'But that son wis fu o anger an widna gang intil the hoose. His faither cam oot an speired o him tae come ben. But the son said tae his faither, "See, aa thae years I servit ye, an at nae time did ye gie me e'en a kid tae mak a feast wi ma freends. But whaniver yer ither son cam, wha has wastit yer fortune on hures, ye felled the fatted cauf."

'"Laddie," said his faither tae him, "ye are aye wi me, an aa that is mine is yers. But it is richt we suld mak merrie an be blythe, for he, yer brither, wis deid an has come back tae life aince mair; he had been tint an is fund."'

Zacchaeus

As Jesus cam intil Jericho, he
beheld a man caa'd Zacchaeus wha
wis heid amang the tax-men, an
wha had muckle gear. He socht tae
see Jesus but cuidna for the thrang o
folk, for that Zacchaeus wis smaa in
size. So he rin forrit an climmed up
intil a sycamore tree, that he micht
see Jesus, for that the Maister wis
comin that gate.

Whan Jesus cam til that place,
he luikit up an said tae him,
'Zacchaeus, haste ye an come awa
doon, for I maun bide at yer hoose
the day!' An Zacchaeus cam doon an
walcomed Jesus wi unco joy.

Aa the folk wha saw this war ill-
pleased, sayin, 'He has gaed til the
hoose o a sinner tae bide.'

But staunin afore him, Zacchaeus
said, 'Lord! I will gie the hauf o ma
gear tae the puir; an gin frae onie-
ane I hae by fause dealin, I will gie
him it back fower times ower!'

Jesus said tae him, 'Salvation has
come tae this hoose this day, for as

muckle as he as weel is a son o
Abraham. For the Son o Man cam
tae seek oot an sauf the anes wha
war tint.'

LAZARUS *frae* BETHANIE

SYNE Lazarus, the brither o Mary an
Martha, failed badly, an his sisters
sent wurd tae Jesus. Efter twa days,
Jesus said tae his disciples, 'Oor
freend Lazarus sleeps; I maun gang
an wauken him oot o his sleep!'

Than quo the disciples, 'Lord,
gin he sleeps, he maun be on the
mend!'

But Jesus telt them straucht-
forrit, 'Lazarus is deid. Nane the
less, let us gang til him.'

Whan Jesus cam, he fund that
Lazarus had been in the tomb for
fower days. An monie o the Jews
had come oot til Martha an Mary
tae condole wi them ower thair
brither.

Martha said tae Jesus, 'Lord, gin

ye had been here, ma brither widna
hae dee'd. An e'en yit I ken that
whitiver ye will speir o God, God
will gie ye.'

Jesus said tae her, 'Yer brither
sall rise aince mair!'

Martha quo tae him, 'I ken hoo
he sall rise agin at the resurrection
on the hindmaist day.'

Jesus telt her, 'I am the resurrect-
ion an the life! Wha lippens on me
sall dee nae mair. Dae ye trow this?'

'Aye Lord,' she said tae him, 'I
trow ye are God's son, wha wis tae
come intil the warld.'

Whan she had said this, she
caa'd her sister Mary, sayin, 'The
Maister is here an is seekin ye!'

Whan Mary heard this she rase
wi haste an gaed til him. The Jews
wha war in the hoose tae condole wi
her, followit efter, sayin amang
thairsels, 'She gangs til the tomb
tae murn.'

Syne Mary cam til whaur Jesus
wis, an lowtit doon at his feet, sayin
tae him, 'Lord, gin ye had been here
ma brither widna hae dee'd.'

Whan Jesus saw her greetin, an
the Jews wha cam wi her aa weepin
sair, he had unco pitie in his hert an
wis fu o distress. 'Whaur hae ye laid
him doon?' he speired.

An they said tae him, 'Lord,
come awa an see!'

Jesus beguid tae weep. The Jews
saw this an said, 'See hoo he luvit
Lazarus.'

Than Jesus cam til the tomb an a
grete stane wis thair ower it. Jesus
said, 'Tak ye awa that stane!'

Martha minded him, 'Lord, by
noo the corp will be foul an stinkin,
for he has been fower days in the
tomb!'

Jesus said, 'Did I no say tae ye
that gin ye wid trow in me, ye wid
see the glorie o God?'

So they tuik awa the stane an
Jesus liftit up his een tae Hevin an
said, 'Faither! I thank ye that ye did
hear me. I ken that ye aye hear me;
but it wis for the sake o aa the folk
staunin here that I said it, so that
they micht ken that ye did send me.'

Whan he said this, he cried oot

wi a lood voice, 'Lazarus! Come
furth!'

The deid man cam furth, bund
haun an fit in graif-claes, an his face
bund roon wi a claith. Jesus said,
'Lowsen him an lat him gang hame.'

The PLOT *aganis* JESUS

AN monie wha war thair lippened
on him, seein whit he had dune.
But ithers slunk awa til the
pharisees an cliped tae them aboot
aa the happenin.

The heid-priests an the pharisees
than gaithert a meetin o the Cooncil;
an quo they, 'Whit are we tae dae?
For this man dis monie miracles. Gin
we lat him be, aa folk sall believe in
him, an the Romans will come an
wrack doon oor Temple an oor hale
nation!'

Than ane o them, caa'd Caiaphas,
bein the Heid-Priest o that year,
said tae them, 'It is better that ane
man suld dee for the nation, nor the

hale nation suld dee.'

Noo he spak this no o his ain sel but, bein Heid-Priest that year, he wis propheseein that Jesus wid dee for the nation; an no for the nation alane, but so that he suld gaither thegither as ane, aa God's bairns scattert ower the launs.

Frae that day forrit, they coonselled thegither hoo they micht pit Jesus tae daith. Jesus thairfore gaed nae mair apenlie amang the Jews, but gaed intil a toun caa'd Ephraim an bided thair wi his disciples.

The Jewish Passower wis noo at haun, an monie folk gaed up frae the countra intil Jerusalem afore the Passower tae purifie thairsels. They socht for Jesus an spak amang thairsels as they stuid in the Temple—'Whit think ye? Willna he come up til the Feast?'

Noo baith the heid-priests an the pharisees had gien a comman—gin onie man kent whaur Jesus wis, he suld tell oot so that they micht grip him.

JESUS
anointit at BETHANIE

A wheen o days afore the Passower,
Jesus cam intil Bethanie whaur
Lazarus, Martha an Mary bided.
Martha gied Jesus breid an Lazarus
sat doon wi him. Syne Mary tuik a
pund o ointment, unco precious, an
anointit Jesus' feet; an she dichtit
his feet wi her hair, an the hale
hoose wis fu o the perfume o the
ointment.

But ane o the disciples, Judas
Iscariot, the ane wha wis tae betray
Jesus, said, 'Hoo is it that this
ointment wisna sauld for thrie-
hunner merks an gien tae the puir?'

Noo he said this no that he cared
ocht for the puir. He wisna honest
an wid hae taen onie monie pit intil
the bag whilk he his-sel cairried for
the Maister.

Jesus said tae Judas, 'Lat Mary
alane. She has keepit this ointment
for the day o ma burial. Ye will aye hae
the puir, but ye willna aye hae me!'

Praisin GOD
wi a LOOD VOICE

As Jesus cam near til Bethphage an
Bethanie, at the Mount o Olives, he
sent oot twa o his disciples, sayin,
'Gang ye intil the village an, as ye
are enterin, ye sall find a cowt tied
whaurapon nae man iver sat. Lowsen
an bring him til me. An gin onie
man speirs at ye, say tae him, "The
Lord has need o him."'

The twa disciples gaed aff an
fund it e'en as he telt them. As they
war lowsenin the cowt, its maister
said tae them, 'Why lowse ye the
cowt?'

They said, 'The Lord has need
o't.' They brocht the cowt til Jesus
an he mounted it.

An as he gaed on, the disciples
laid their cloaks ower the road. An
as he wis comin near til the Mount
o Olives, the hale thrang o the
disciples beguid tae praise God wi a
lood voice for aa the michty things
they had seen. 'God keep the King

wha comes in the name o the Lord!
Peace in Hevin an glorie in its
heichts!'

Syne a wheen o the pharisees oot
o the multitude wha cam tae join
in, said tae Jesus, 'Maister, rebuke
yer disciples!'

An in answer, quo he back tae
them, 'I say tae ye that gin they be
quate, the verra stanes wid crie oot!'

JESUS *weeps ower* JERUSALEM

WHAN Jesus cam in sicht o
Jerusalem, he wept ower it, sayin,
'Gin onlie ye had taken tent o aa the
things that are for peace; but e'en
noo they are hid frae yer sicht. For
the days will come apon ye whan
yer faes sall cast a ditch aroon ye an
steek ye in, an rink ye roon on ilka
side. They will ding ye doon tae the
grun, an yer bairns wha bide wi ye,
for that ye widna tak tent o the
time whan God cam tae sauf ye!'

The STRAMASH
in the TEMPLE

WHAN Jesus cam intil Jerusalem, aa
the citie wis in a michty steer, folk
speirin, 'Wha is he?' An the thrang
said, 'This is Jesus, the prophet frae
Galilee.'

An Jesus gaed intil the Temple
an drove oot aa wha bocht an sauld
ithin. He cowpit the tables o the
money-cheingers, an the seats o thae
wha sauld doos. He cried oot, 'Ma
hoose sall be caa'd a Hoose o Prayer,
but ye mak it a howff o reivers!'

The blin an the gemm-leggit
cam til Jesus in the Temple an he
hailed them aa.

Whan the heid-priests an the
scribes saw the wun-nerfu things
whit Jesus did, an heard the bairns
cryin oot, *Hosanna tae the Son o
Dauvid!*, they war gey angry. Quo
they tae Jesus, 'D'ye no hear whit
they are sayin?

Jesus answert them, 'Aye, I dae!
Hae ye no read the wurds, *Oot o the*

mous o bairns, o God ye hae heard winsome praise?'

An than Jesus left them an gaed oot o the citie til Bethanie for the nicht.

Flytin aganis the FIG TREE

AN comin back early til the citie in the mornin, Jesus hungert. Whan he saw a fig tree by the fit-road, he cam til it an fund nocht but leafs; an quo he, 'Let nae fruit graw on ye hence-forrit for iver!' An aa at aince the fig tree withert awa!

The disciples war dumfoonert, an Jesus said tae them, 'In trowth I tell tae ye, gin ye hae faith an hae nae doots, ye will dae whit has just been dune tae the fig tree; an mair than that, ye may say tae this hill, "Up wi ye an faa intil the loch!", an it will be dune. Aa that ye ask in prayer, gin ye trow, ye sall receive.'

TENANTS
in the VINE-YAIRD

WHAN Jesus cam intil the Temple agin, the heid-priests an the elders o the folk cam til him, an quo they, 'By whitna poo'er are ye actin like this? An wha gied ye this poo'er?'

'Hear ye anither parable,' Jesus said. 'Thair wis a laird wha plantit a vine-yaird—he pit a wall roon aboot, howkit oot a wine-vat, an biggit a watch-too'er. Syne he lat it oot tae crofters, an gaed awa til anither laun.

'Whan the time o the hairst drew near, the laird sent his servans oot tae uplift his share o't. But the crofters tuik his servans an dinged ane doon, slew anither, an drove aff a third wi stanes! Agin he sent ither servans, mair men nor the firsten anes; but tae them as weel they did the like. Hindmaist o aa, the laird sent til them his son, sayin, "They will respeck ma son."

'But whan the crofters saw the

son, they said amang thairsels,
"This is the heir. See! lat us fell him
an tak his heirship!" So they grippit
him, flung him oot o the vine-yaird
an felled him.'

Jesus than speired o the elders an
heid-priests, 'Noo whan the laird o
the vine-yaird comes, hoo will he
deal wi thae crofters?'

They said tae him, 'He will
destroy thae evil men an will lat oot
the vine-yaird tae ither crofters wha
will gie him up his richtfu pairt o
the crop.'

Anent peyin TAXES

WHAN the heid-priests an the elders
heard this parable, they jaloosit that
he spak aboot them; but whan they
socht tae lay hauns on him, they
war afeart o the thrang wha thocht
on Jesus as a prophet.

So they keepit watch on him an
sent oot spies wha suld feign thair-
sels tae be honest men, that they

micht tak tent o his speech an
deliver him up intil the hauns o the
Governor.

An·they speired at him, 'Maister,
we ken ye speak in aa honestie, an
accept nae man's face, but teach the
wey o God in trowth. Noo, is it
richt for us tae pey taxes tae Caesar,
or no?'

But Jesus, kennin thair guile,
said tae them, 'Shaw me a siller
piece. Whase name an heid are on
it?'

'Caesar's,' they replied.

'Weel than,' said Jesus, 'gie tae
Caesar whit belangs tae Caesar, an
tae God whit belangs tae God!'

They war astoondit at his
answer, an had nae mair tae say.

The PLAN
tae arreist JESUS

WHAN Jesus had endit aa his sayins,
he said tae his disciples, 'Ye ken
that in twa days mair it will be the

Feast o the Passower, an the Son o Man is tae be haundit ower tae be nailed tae the cross.'

Meantime the heid-priests an the elders o the Jews had come intil the palace o the Heid-Priest, the ane caa'd Caiaphas; an they war coonsellin thegither hoo they micht arreist Jesus an pit him tae daith. 'But no on the Feast-day,' they said, 'or thair wid be a richt stramash amang the folk.'

JUDAS *plots* *tae betray* JESUS

SYNE ane o the disciples, caa'd Judas Iscariot, gaed awa til the heid-priests, an quo he tae them, 'Whit will ye gie me gin I haun ower Jesus tae ye?'

An they telt him, 'Thirtie pieces o siller!'

The GUEST-CHAUMER *is gart redd*

THAN cam the Feast o the Unleaven Breid whan the Passower lamb maun be felled. Jesus sent oot Peter an John, sayin, 'Gang forrit an mak redd the Passower supper, that we may eat o it. As ye gang intil the toun, a man sall meet wi ye; follow him til the hoose whaur he gangs.

'Say tae the guid man o the hoose, "The Maister speirs o ye whaur the guest-chaumer is, so that he can eat the Feast wi his disciples." He will shaw ye a lairge chaumer. Mak redd aathing thair.'

The twa disciples gaed aff, fund aathing as Jesus had telt them, an they gart redd the supper.

The MAISTER'S SUPPER

WHAN eenin cam, Jesus sat doon wi the apostles. An he said tae them, 'I

hae langed wi aa ma hert tae eat this
meal wi ye afore ma dool. For I say
t'ye, nae mair will I eat anither meal
till aa is fu'filled in the Kingdom o
God!'

Than Jesus tuik the breid an,
giein thanks, he brak it an gied it
tae the disciples, sayin, 'This is ma
bodie that is gien for ye; so dae ye
tae mind o me!'

An efter the mait, he liftit his
cup, sayin, 'This cup is the new
Covenant, teemed oot for ye. But I
say onto ye, I willna drink mair o
this fruit o the vine till yon day
whan I drink it new wi ye, in ma
Faither's Kingdom.'

JESUS *gies an* EXAMPLE

JESUS rase efter the mait an girdit
his-sel wi a towel. Syne he teemed
watter intil a basin an beguid tae
wash the disciples' feet, an tae dicht
them wi the towel aboot him.

Comin tae Simon Peter, Peter

said tae Jesus, 'Lord, wid ye wash ma feet?'

Jesus replied, 'Ye willna ken whit I dae, but ane day ye will.'

Peter said tae him, 'Niver sall ye wash *ma* feet!'

Jesus answert, 'Gin I wash ye no, ye hae nae pairt wi me.'

'Than Lord,' said Peter, 'no ma feet alane, but ma hauns, an ma heid as weel!'

Jesus said tae him, 'Ye need onlie wash yer feet tae be clean aa ower. Ye, Peter, are clean. But some o ye are no'—Jesus said thae wurds for he kent wha wis tae betray him— 'Gin I, yer Lord an Maister, hae masel washed yer feet, ye suld wash ane anither's feet as weel, for that I hae set ye an example tae dae as I hae dune tae ye.

'In trowth I say t'ye, a servan isna abune his maister, nor is the ane wha is sent oot abune the ane wha sent him. Gin ye ken aa they things, blythe are ye tae be daein them! I speak no aboot ye aa; I ken wha I hae chosen. But the Scripture maun be fu'filled that says—*He wha eats ma breid lifts up his heels aganis me.*

Sayin thae things, Jesus wis vext in his verra sowl, an he spak: 'Verilie, I say tae ye that ane o ye sittin at this table wi me sall be ma betrayer!'

JUDAS *revealed*

THE disciples glowerit at ane anither, dumfoonert aboot wham he micht be speakin. Noo, leanin neist tae Jesus wis the ane o his disciples wham he luvit.

Simon Peter raxt ower tae that disciple an said, 'Speir o wham Jesus is speakin o.'

He, leanin back on Jesus, said tae him, 'Lord wha is't?'

Jesus answert, 'It is him tae wham I sall dip the breid an gie it.' An, dippin the breid, he raxt ower an gied it tae Judas, the son o Simon Iscariot. Syne Jesus said tae Judas, 'Whitiver ye maun dae, dae it wi haste!'

An efter receivin the breid, Judas gaed oot intil the nicht.

The NEW COMMANMENT

SYNE Jesus spak tae his disciples—
'Ma bairns, I am here wi ye but for a
time, an whaur I will gang, ye
canna come. I gie ye a new comman-
ment—luve ane anither; e'en as I
hae luvit ye, so ye maun luve ane
anither. Than aa folk sall ken that
ye are brithers o me

'Nae man has iver mair luve than
this, tae lay doon his life for his
freends. Dinna lat yer hert be cast
doon—gin ye lippen on God, lippen
on me as weel. In ma Faither's
Hoose are monie bowers. I gang tae
mak redd a place for ye; an I sall
come aince mair an tak ye back wi
me, so that whauriver I am, ye may
bide as weel.'

'The Cock *sall na craw*'

Simon Peter said tae him, 'Lord, whaur dae ye gang?'

Jesus answert, 'Somewhaur ye canna follow straucht-awa.'

Quo Peter tae him, 'Hoo is it I canna follow ye noo? I'm redd tae lay doon ma life for ye!'

But Jesus answert, 'Will ye lay doon yer life for me? In trowth, I say tae ye, the cock sall-na craw till ye hae denied me thrie times ower!'

The Mount *o* Olives

Jesus cam wi the disciples intil a place caa'd Gethsemane, an he said tae them, 'Bide ye here till I gang yonner an pray.' An he tuik Peter alang wi him, an Zebedee's twa sons as weel.

Syne Jesus grew fu o dool an sair wearied. 'Ma sowl is sorrowfu e'en tae daith,' he said. 'Bide ye here an watch wi me.'

He gaed on a wee bit further an cast his-sel on the grun tae pray, sayin, 'O ma Faither! Gin it be able, lat this cup gang by me. But gin it maun be, than yer Will be dune!'

He than cam back til the disciples an fund them sleepin. Quo he tae Peter, 'E'en so! cuid ye no watch wi me for ane hour? Tak ye tent an pray, so that ye dinna faa intil temptation. The speerit is willin but the flesh is no able!'

Aince mair Jesus gaed aff an prayed, sayin, 'O ma Faither! Gin this cup canna gang by me till I sup o't, than yer Will be dune!' An, comin back agin, Jesus fund his men asleep, for thair een war hevie.

He gaed back til his place a third time, an cried oot tae God aince mair. An yit agin he cam back tae find his disciples liggin asleep. 'Tak tent!' he said, 'the hour is noo come whan the Son o Man is tae be haundit ower intil the poo'er o evil men. Up, an lat us be gaun! See, he is at haun wha will betray me!'

The ARREIST *o* JESUS

WHILE he yit spak, Judas Iscariot cam, an alang wi him cam a grete thrang o folk wi swords an staves. They cam frae the heid-priests an elders o the nation. The traitor had gien them a token, an quo he, 'Whamiver I sall kiss is Jesus— haud him fast.' An at aince Judas cam til Jesus an said, 'Maister,' an kissed him.

Jesus said tae him, 'Freend, why hae ye dune this?'

Syne the thrang cam up til Jesus, laid hauns on him an grippit him. Simon Peter, drawin oot his sword, strack the Heid-Priest's servin-man, cuttin aff his lug.

But Jesus said tae him, 'Peter, pit awa yer sword; for thae wha tak oot the sword, by the sword sall they dee! Ye maun ken that I cuid pray tae ma Faither an he wid at aince send mair nor twal bands o angels. But hoo than cuid the Scriptures be fu'filled; that this is hoo it maun be?'

Syne Jesus turned tae the thrang an said, 'Are ye cam oot as aganis a reiver, wi swords an staves, tae tak me? Ilka day I sat wi ye, teachin in the Temple, an ye didna lay hauns on me thair.'

An than it wis that aa the disciples desertit Jesus an ran awa.

JESUS *afore the* COONCIL

THAN wis Jesus led awa til Caiaphas the Heid-Priest, wi wham the scribes an the elders war foregaithert. But Peter followit faur ahint, an gaed in an sat doon wi the servans tae see whit the end wid be.

Noo, aa the Cooncil war seekin fause witness aganis Jesus, so that they micht pit him tae daith. But they cuidna find onie evidence, altho monie cam forrit an telt lees aboot him. At the hindmaist, twa fause witnesses cam forrit an said, 'This ane telt me he wis able tae wrack doon the Temple o God an big it up aince mair in *thrie days!*'

The Heid-Priest rase up an quo he tae Jesus, 'Dinna ye answer? Whit is it thae witnesses say aganis ye?'

But Jesus said nocht. Syne Caiaphas said tae him, 'I chairge ye by the Livin God that ye tell us gin ye be the Christ, the Son o God!'

Jesus answert, 'Ye hae said it! But for aa that, I say t'ye, here-efter sall ye see the Son o Man sat at the richt haun o poo'er, an comin on the clouds o Hevin!'

Syne did the Heid-Priest rive his claes, an quo he, 'That man has blasphemit! Whit need hae we o mair testimonie? Whit think ye?'

The men o the Cooncil answert, 'Guilty! He deserves tae dee!'

Than they spat in his face, an ithers strack him wi their hauns.

PETER *denies* JESUS

Noo Peter wis sittin oot-by in the yaird an a servin-lassie cam til him,

sayin, 'Ye as weel war wi Jesus o
Galilee!' He denied it afore them aa,
sayin, 'I ken-na whit ye mean.'

An whan he wis gaun oot intil
the porch, anither servin-lass saw
him an said tae them that war thair,
'This ane wis wi Jesus, the Nazar-
ene!' Aince mair, Peter denied it wi
an oath, sayin, 'I ken-na the man!'

An, efter a wee, they wha stuid
by cam an said tae Peter, 'Aye, but
ye are ane o them; for yer tongue
gies ye awa!'

Peter beguid tae swear an ban, *'I
ken-na the man!'*

An at aince the cock crew.

Peter caa'd tae mind the wurds
Jesus spak—'Afore the cock craws,
ye will thrice disown me.'

He gaed awa an grat sairly.

JUDAS *hangs* HIS-SEL

WHAN Judas saw that Jesus had
been condamit, he repentit sair an
tuik back the thirtie siller pieces tae

the heid-priests an elders. 'I hae sinned in deliverin up an innocent man tae his daith,' he said.

But quo they, 'Whit is that tae us? See tae it yersel!'

Judas cast doon the siller in the Temple an gaed awa; an gaun oot o the citie, he hangit his-sel.

JESUS *afore* PILATE

WHAN mornin cam, aa the heid-priests an elders coonselled thegither aganis Jesus, tae pit him tae daith. They bund him an led him awa tae Pilate the Governor.

Pilate said tae them, 'Whit chairge dae ye bring aganis this man?'

They answert him, 'Gin he war no an ill-doer, we widna hae gien him ower tae ye.'

Than quo Pilate tae them, 'Ye yersels tak him an judge him by yer ain laws.'

But they telt him, 'We hae nae

poo'er tae pit onie man tae daith.'

Syne Pilate gaed intil the judgment-haa aince mair an caa'd Jesus. Quo he tae him, 'Are ye the King o the Jews?'

Jesus answert, 'Say ye this by yer ain sel, or did ithers tell ye aboot me?'

Quo Pilate, 'Am I a Jew? Yer ain folk an the heid-priests hae gien ye up tae me. Whit hae ye dune?'

Jesus answert, 'Ma Kingdom isna o this warld. Gin it war, ma servans wid fecht that I suldna be gien up tae the Jews. Nae, ma Kingdom disna belang here.'

'So ye are a King than?' speired Pilate o him.

Jesus answert, 'Ye say I am a King. For this end wis I born, an for this end cam I intil the warld, tae gie witness o the trowth. Ilka ane wha is o the trowth hears ma voice.'

But Pilate said tae him, 'Whit is trowth?'

Jesus *haundit ower*

An syne Pilate gaed oot aince mair til the Jews, an quo he tae them, 'I find nae faut in him! But ye hae a custom o releasin ane ill-doer at the Passower. Will ye thairfore that I release for ye the "King o the Jews"?'

But they aa cried oot, sayin, 'Nae! No him, but Barabbas!' Barabbas wis a reiver.

Whan Pilate wis sittin on the seat o Judgment, a message wis brocht til him frae his guid-wife, sayin, 'Hae ye nocht tae dae wi yon guid, just man, for I hae suffert monie things in a dreme on his accoont.'

But the heid-priests an elders noo perswadit aa the folk tae set Barabbas free an hae Jesus pit tae daith.

Thairfore Pilate spak tae the thrang o folk—'Whilk o the twa, Barabbas or Jesus, suld I release tae ye?'

An they screiched oot, 'Barabbas!'

Whit than sall I dae wi Jesus, caa'd the Christ?' said Pilate.

An they aa yammered, 'Nail him tae the cross!'

'But whit hairm has he dune?' Pilate speired o them.

But they onlie cried oot fierce an lang, *Crucifie him! Crucifie him!*'

Whan Pilate saw that he cuidna prevail, but that a stramash wis risin, he caa'd for watter. Washin his hauns afore aa the folk, he said, 'I am innocent o the bluid o this just man!' Pilate than released Barabbas, but had Jesus flogged an haundit ower tae be crucified.

The sodgers strippit aff his claes an pit a rid cloak on him. They plettit a croon o thorns an pit it apon his heid, an they pit a reed wand in his richt haun. Syne they lowtit doon afore him, an gecked at him, sayin 'Hail, King o the Jews!' They spat on him, an baffit him ower the heid wi the reed wand. An efter they had mocked him, they tuik aff his cloak, pit on his ain claes, an than they led him awa tae be crucified.

JESUS *nailed* *tae the* CROSS

ON thair wey oot, they met wi a
man o Cyrene caa'd Simon, an they
gart him cairry the cross. An ahint,
thair wis a grete crood o men an
weemen, moanin an lamentin sair.
An whan they cam til the place o
the skull, whilk wis caa'd Golgotha,
they crucified Jesus atween twa
reivers; ane on his richt an ane on
his left. An Jesus cried oot, 'Faither,
forgie them, for they ken-na whit
they dae!'

An whan they had crucified
Jesus, the sodgers tuik his robe an
rent it intil fower pairts; ane for ilka
sodger. They tuik his cloak as weel,
whilk wis wrocht o ane piece frae
the tap doon, an they said, 'Lat us
no rive it, but cast lots for it.'

Noo staunin near tae the fit o
Jesus' cross war his mither, an his
mither's sister, Mary the guid-wife o
Cleopas, an Mary o Magdala. So
whan Jesus saw his mither, an the

disciple wham he luvit staunin by
as weel, he said tae his mither, 'This
man is yer son!' An agin tae the dis-
ciple, 'This wumman is yer mither!'
An frae that hour, the disciple tuik
Mary intil his ain hoose.

But some folk wha gaed by
miscaa'd Jesus, waggin thair heids
an sayin, 'Gin ye be the Son o God,
come doon frae the cross!' E'en the
heid-priests caa'd oot as weel. An
the elders cried, 'He sauvit ithers,
yit his ain sel he canna sauf! Lat him,
e'en noo, come doon frae the cross
an we sall believe in him. He lippen-
ed on God an said he wis His Son.
Noo lat the Faither sauf the Son!'

The DAITH *o* JESUS

AN frae the hour o twal tae the hour
o thrie, thair wis black mirk ower
the hale laun. Suddent, Jesus cried
oot wi a lood voice, 'My God, my
God, for why did ye forsak me?'

Efter that Jesus, kennin that aa

things war noo endit, said, 'I hae drowth.' A cog wis staunin nearby, fu o soor wine; so they dippit a sponge intil it, pit it on a wand an brocht it tae his mou.

An ane o the reivers jeered at him, sayin, 'Are ye no the anointit ane? Than sauf yersel, an us tae!'

But the ither ane rebukit him, sayin, 'Hae ye nae fear o God, e'en whan ye are condamit? Oors is richt eneuch, for that we are winnin oor just deservins. But this man did nocht wrang.'

Syne he spak tae Jesus, 'Lord hae mind o me whan ye come intil yer Kingdom!' Jesus answert, 'Faith, I say tae ye, this day ye sall be wi me in Paradise!'

An suddent, the Temple-veil wis riven in twa frae tap tae bottom. The grun trimmlt, rocks war cleft, an tombs brak apen! Jesus cried oot wi a lood voice, 'Faither, intil yer hauns I commit ma speerit!' An wi that, he slipped awa.

The centurion wha stuid near Jesus, seein hoo he cried oot an dee'd, said, 'In trowth this man wis the Son o God!'

JESUS *taen doon*

THE neist day bein the Sabbath, an as it wis no alood that corps suld bide on the crosses ower that day, Pilate agreed that they be taen doon. Whan the sodgers cam tae tak Jesus doon, ane o them, wi a spear, pierced his side, an oot it cam bluid an watter.

JOSEPH'S TOMB

ON that nicht, a disciple o Jesus, a walthie man frae Arimathea caa'd Joseph, gaed til Pilate an asked for the corp o Jesus. Pilate commandit that it suld be gien up. So Joseph rowt it in a linen claith an laid it intil his ain tomb whilk he had howkit oot o the rock. He rowt a muckle stane tae the door o the tomb an gaed awa.

The RESURRECTION

NOO, on the firsten day o the week, at the dawnin, Mary o Magdala, an Mary, mither o Jeames, an Salome, cam til the tomb wi spices they had made up.

They fund the stone rowt awa frae the tomb. So they gaed in, but the corp o the Lord Jesus wisna tae be seen. The twa weemen war sair trubilt.

Suddent, thair kythit twa men afore them, cleedit in glintin robes. Fu o fear, the weemen lowtit doon thair faces tae the grun as the men spak tae them: 'Whit for seek ye the livin amang the deid? He isna here. He is risen! Think on hoo he spak tae ye whan he wis yit in Galilee, that *the Son o Man maun be gien up intil the hauns o sinfu men, an than be crucified, an syne rise up aince mair apon the third day!*

The weemen caa'd tae mind his words an, comin back frae the tomb, they reportit aa thae things tae the eleiven disciples, an tae aa the ithers.

The ROAD *til* EMMAUS

ON the same day, twa o the disciples
war gaun on thair traivel til a village
caa'd Emmaus, aboot seiven mile
frae Jerusalem, an they spak thegither
o aa the things that had taen place.

As they war speakin an reasonin
thegither, Jesus his-sel cam near an
gaed wi them. They saw him, but
somewey didna ken him.

Jesus said tae them, 'Whit is it
that ye are debatin aboot as ye gang
on?'

Ane o them, by the name o
Cleopas, answert, 'Dae ye bide by
yer lane in Jerusalem that ye hae no
kent o aa the things that hae come
aboot in thae days?'

Jesus said, 'Whitna things?'

An they quo, 'Anent Jesus o
Nazareth, wha wis a prophet, a man
michty in deed an wurd, in God's
sicht an afore aa mankind. Oor
heid-priests condamit him tae daith
an hae crucified him.'

Jesus said tae them, 'O blin o
sicht! An dour in yer herts tae

lippen on the things that the
prophets hae said.'

As they cam near til the village,
Jesus luikit tae gang on, but they
pressit him, sayin, 'Bide ye wi us!
The day is far alang, an the gloamin
is comin.' So Jesus tarried wi them.

He sat doon at the table wi the
twa disciples, tuik the breid in his
haun an said the blissin. An, brekin
the breid, he gied it tae them.

Suddent, thair een war apenit!
They kent him! But than he vanisht
frae thair sicht. They luikit an ane
anither—'Did we no feel oor herts
on fire as he spak wi us on the road?'

They got up at aince an gaed
back til Jerusalem. Findin the ither
disciples gaithert thegither, they
telt them, 'The Lord has risen, in
trowth!'

'PEACE *be wi* YE'

WHILE they war thus tellin, Jesus
his-sel stuid in thair midst an said
tae them, 'Peace be wi ye!'

They war sair frichtit, thinkin
that they saw a ghaist!

Jesus said tae them, 'Why are ye
feart? Why hae ye doots in yer herts?
See ye ma hauns an ma feet, that it
is I ma-sel! Touch me an see, for a
speerit hasna flesh an banes as ye see
wi me.' An he shawed tae them his
hauns an his feet.

While, for joy, they cuidna yit
believe an ferlied amang thairsels, he
said tae them, 'Hae ye onie mait?'
They gied him a piece o brandert fish
an, raxin oot afore them, he did eat.

At the Loch o Tiberias

Jesus shawed his-sel aince mair tae
the disciples at the loch o Tiberias,
whan Simon Peter, Tammas,
Nathanael, the sons o Zebedee an
twa mair o the disciples, war aa
thegither.

Simon Peter said tae them, 'I am
gaun til the fishin,' an the ithers
said, 'We as weel sall gang wi ye.'

They enterit intil the boat but didna catch ocht that nicht. At the dawnin, Jesus stuid on the strand, but the disciples didna jaloose that it wis Jesus. He caa'd oot tae them, 'Freends, hae ye caught ocht?'

They cried back, 'Nae!'

So he telt them, 'Cast yer net oot on the richt-haun side o the boat an ye will mak a catch!'

So they cast, an lo, they cuidna haul the net in for the rowth o fish ithin it. An the disciple wham Jesus luvit, said tae Peter, 'It is the Lord!'

As sune as Peter heard wha it wis, he bund his cloak aboot him, for he wis hauf-strippit, an he cast his-sel intil the loch.

The ither disciples cam roon wi the boat, trailin the net. Simon Peter pu'd the net til the laun, fu o muckle fish.

As sune as they cam intil the laun, they saw an ingle wi coals, an fish ower it, an breid. Jesus said tae them, 'Come an eat.' An he tuik the breid an the fish, an gied it tae them aa.

JESUS *ascends intil* HEVIN

JESUS cam til his disciples monie times in the neist fortie days, speakin aboot the Kingdom o God, an tellin them tae bide near Jerusalem till they got a sign frae God.

He said, 'John bapteezit wi watter, but ye will be bapteezit afore lang wi the Halie Speerit, an will be gien a special poo'er frae God.'

Syne Jesus led his disciples oot til Bethanie an, gaitherin them aroon him an haudin up his hauns, he blissit them. An e'en as he did so, he ascendit intil Hevin, an they cuid see him nae mair.

An than, wi herts fu o joy, they gaed back intil Jerusalem, blythe o speerit, giein praise tae God!

CPSIA information can be obtained at www.ICGtesting.com
Printed in the USA
LVOW04s1018080315

429658LV00017B/892/P